STARMAP
VIRGO

乙女座の君へ

You can ask perfection

鏡リュウジ
Ryuji Kagami

sanctuary books

乙女座の心のなかにある、
小さくて美しい欠片《かけら》。
それはただの欠片じゃない。
その小さなものが、あなたを作っている。
あなたをかけがえのない存在にしている。
その小さな欠片をずっと大事にして。

小さくて美しいものを
大事にしてゆけば、
必ず美しい全体が
姿をあらわすだろう。

一本一本の糸を丁寧に紡ぎ、
ひとつひとつの織り目を
細やかに織り上げ、
完璧なタペストリーが
できあがるように。

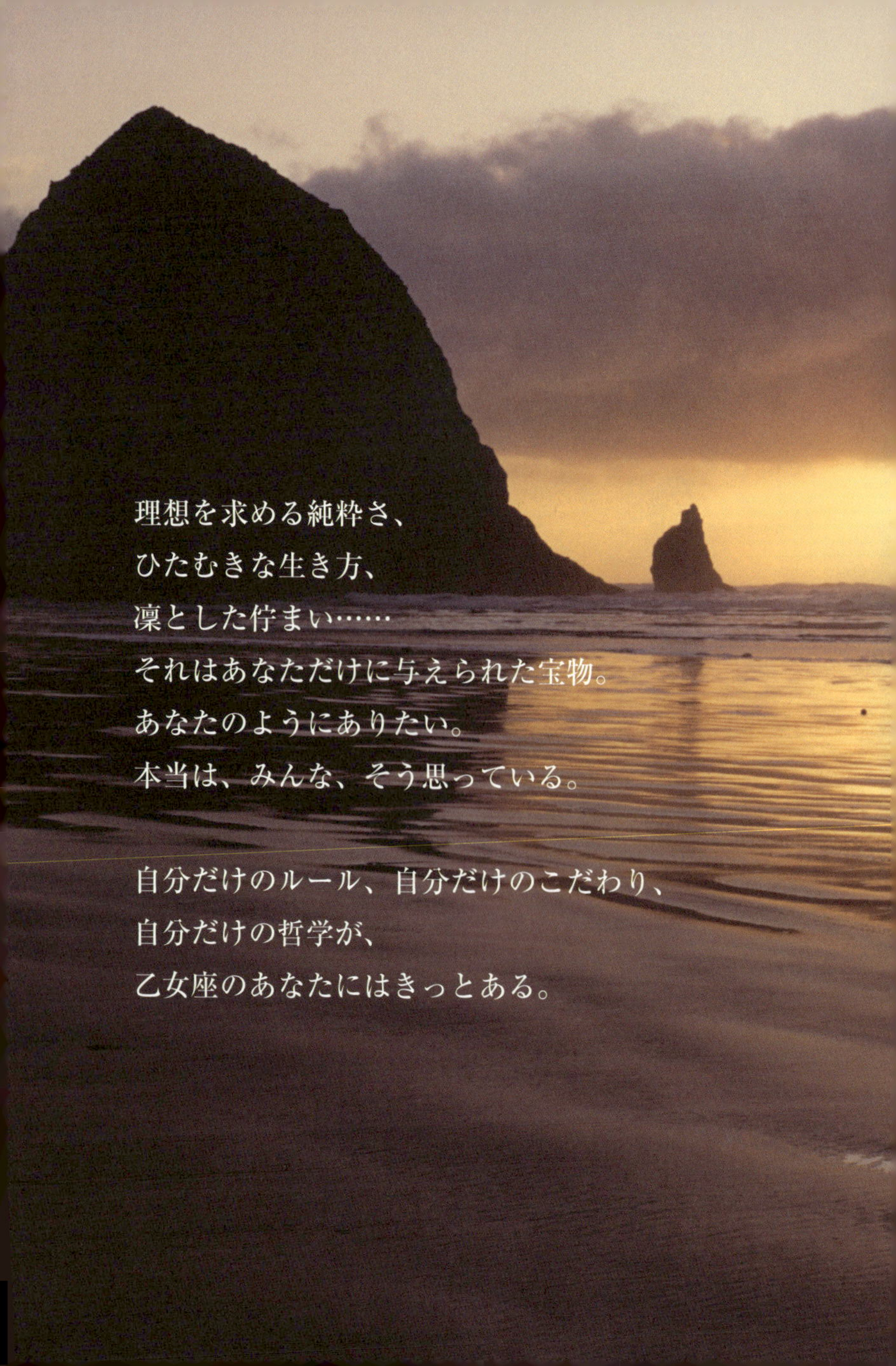

理想を求める純粋さ、
ひたむきな生き方、
凛とした佇まい……
それはあなただけに与えられた宝物。
あなたのようにありたい。
本当は、みんな、そう思っている。

自分だけのルール、自分だけのこだわり、
自分だけの哲学が、
乙女座のあなたにはきっとある。

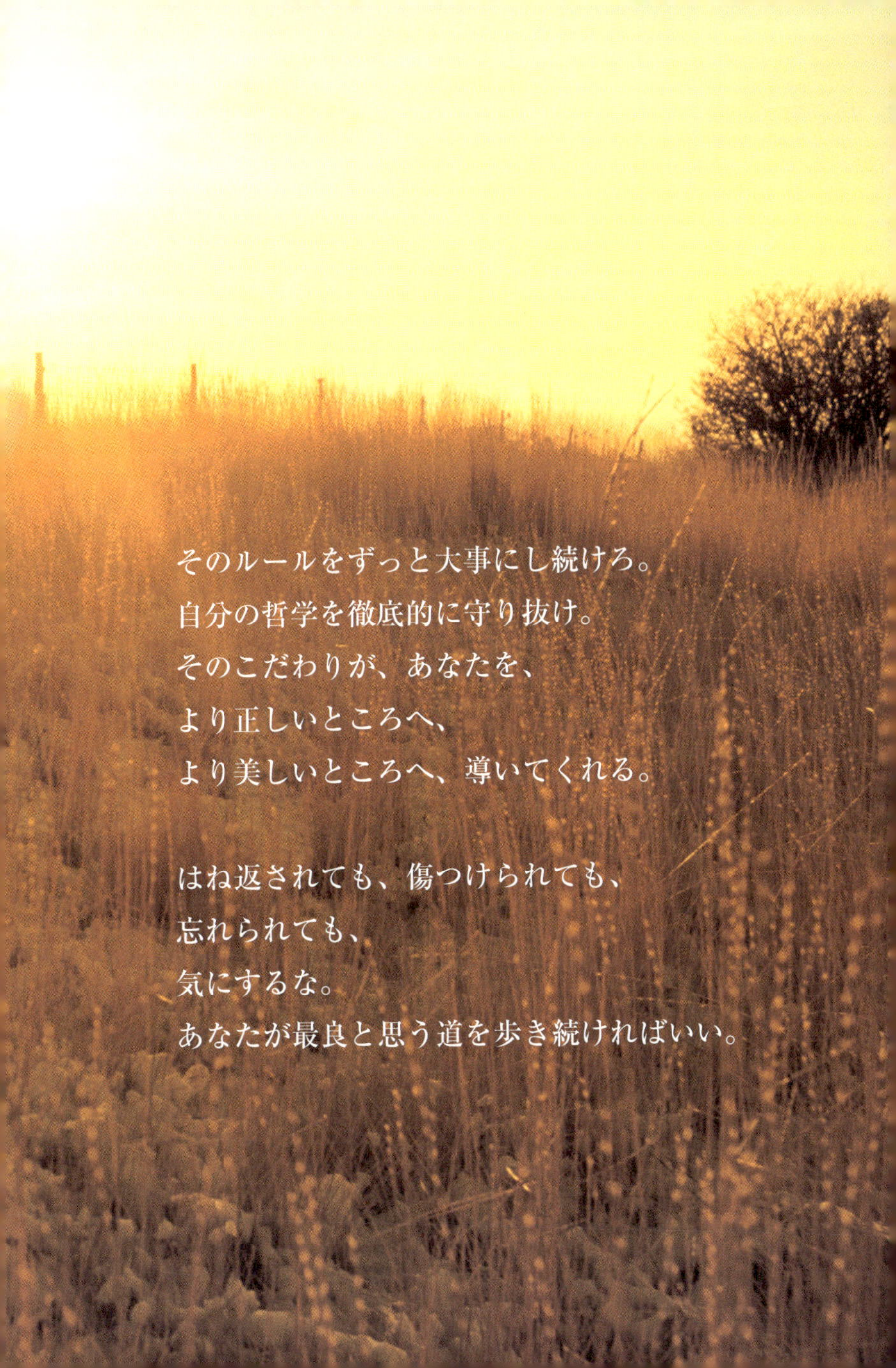

そのルールをずっと大事にし続けろ。
自分の哲学を徹底的に守り抜け。
そのこだわりが、あなたを、
より正しいところへ、
より美しいところへ、導いてくれる。

はね返されても、傷つけられても、
忘れられても、
気にするな。
あなたが最良と思う道を歩き続ければいい。

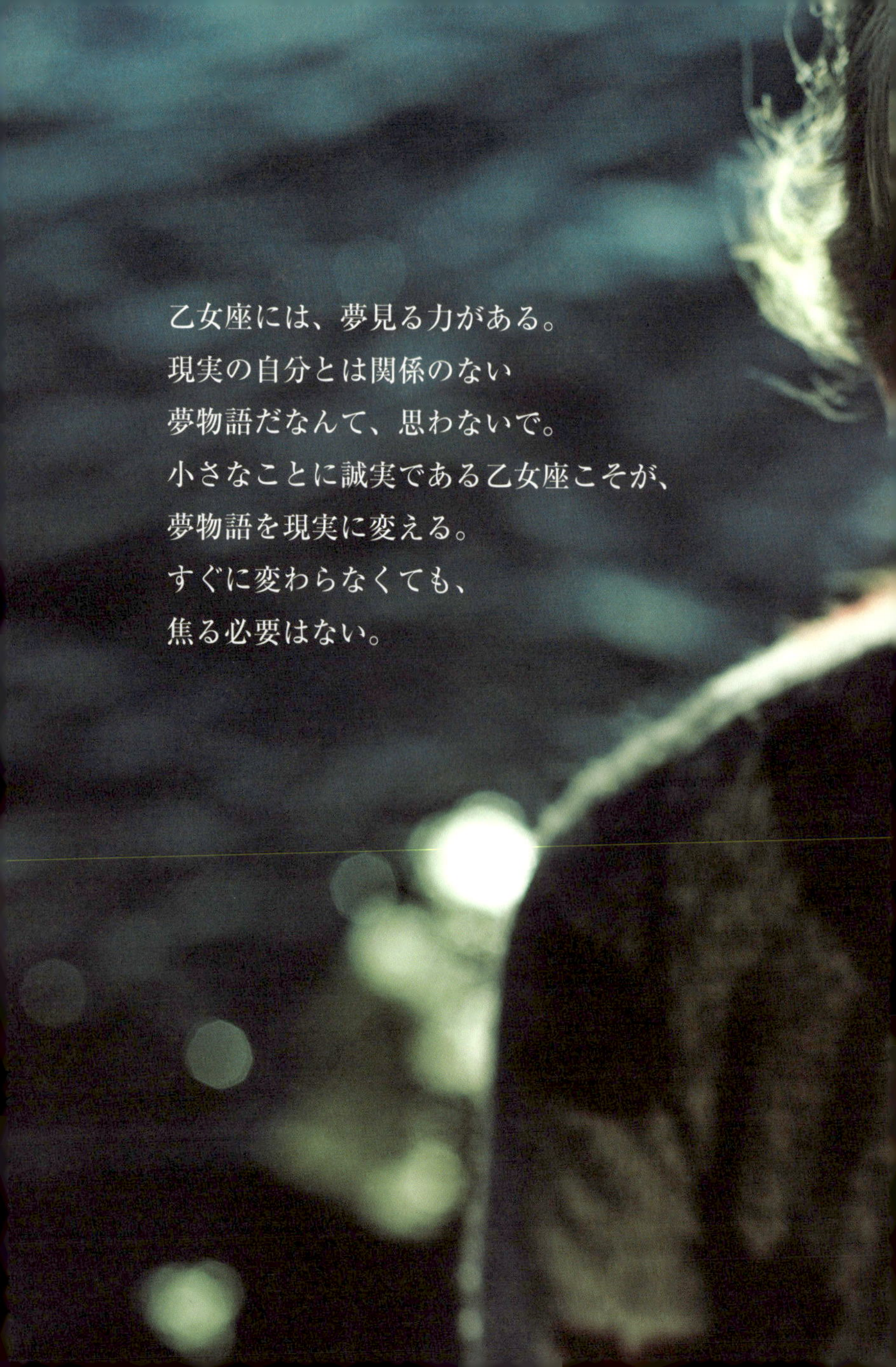

乙女座には、夢見る力がある。
現実の自分とは関係のない
夢物語だなんて、思わないで。
小さなことに誠実である乙女座こそが、
夢物語を現実に変える。
すぐに変わらなくても、
焦る必要はない。

あなたは、あなたの思うことを
求め続ければいい。
ただ、それだけで、
今日も世界に美しい宝物がひとつ増える。

乙女座の作り出す世界は、
きれいなタペストリーのよう。
丁寧に紡がれた一本一本の糸、
よどみなく細やかな織り目のひとつひとつ、
すみずみまで緻密で精細で、部分も全体も美しい。
あなたの心のなかにある、
小さくて美しい欠片もそんなピースのひとつだ。
ひとつでも十分に美しいけれど、
ほかのたくさんの欠片と合わさったとき、
より美しく輝く。
あなたのなかの欠片は、
あなたという美しい世界の原石だ。
乙女座のあなたが、
あなただけの美しくて
完璧な世界をいつまでも輝かせるための
31のメッセージを贈ります。

乙女座のあなたが、

もっと自由に

もっと自分らしく生きるために。

STARMAP
VIRGO

CONTENTS

STARMAP
VIRGO

やりたいことは何か？
やる気を出すには？

【夢／目標／やる気】

あなたの夢は何か？
やりたいことが見つからないときは？
あなたの魂が追い求めるものは何か？
乙女座のあなたが、向かうべき方向はどこだ。

STARMAP
VIRGO

1

ただ美しいと感じるものを追いかけよう

乙女座はそのシンボルマークが示すように「匠」の星座だ。あなたの魂に刻まれているのは、細い糸を丹念に紡いで、美しい布を織り上げてゆくイメージ。
だから、乙女座は何よりもまず美しいものに魅かれ、誰よりも敏感に美しいものを見いだす。自身の手でみんなをうっとりさせるような緻密で美しい世界をつくりあげることもできる。それに、美しいものを完成させるためなら、退屈な単純作業もいとわない。たとえば、あなたが工芸職人や雑貨デザイナー、アーティストになれば、きっと卓越した技で精巧な作品をいくつもつくりあげて、高い評価を得ることができるだろう。
でも乙女座が才能を発揮できる場所は物作りに限らないし、その美しさの価値観も姿かたちのことだけじゃない。凛とした佇まい、よどみない仕事の進め方、清々しい日常の暮らし、誠実な人間関係、汚れのない純粋なものへの憧れ……その美意識はあなたの生き方すべてに流れている。あなたが美しいと感じるものは全部本物だし、あなたとまわりを豊にしてくれる。
だから、あなたは自分が美しいと感じるものをひたすら追い求めればいい。これが美しいと思う方向に進んでゆけば、気持ちも前向きになれるし、どんどん成長してゆける。
やりたいことが見つからないときも、自分の周囲にアンテナを広げ、美しいものを探そう。あなたはありふれた日常やがらくたの中にも美の原石を見つけだす力がある。目をこらせば必ず、あなただけの宝物が見つかる。あとは職人的なこだわりを発揮して、それをもっともっと美しく磨き上げてゆくだけだ。
ただただ美しいと思うほうへ。その先にきっとあなたの未来が待っている。

STARMAP
VIRGO

2

小さな成功体験を積み重ねる

細部まで美しさを追求する完璧主義者の乙女座は、自分ですべてをカバーできないような大きなものを相手にするのはとても苦手。新しいことやうまくいくかどうかわからないものにも臆病になって、つい尻込みしてしまう。
だから、乙女座がつくるもの、取り組むことは、自然と自分の目が届く小規模なものになってしまいがちだ。
でも、それでかまわない。乙女座にとって重要なのは、どんなにささやかでもいいから、自分が納得できる美しい世界をきちんと完成させていくこと。あなたは物事に丁寧に接することができればできるほど気持ちが安定するし、細部までこだわることができればできるほど充実感を得ることができる。
それは日常生活や仕事、人間関係でもいえること。たとえば、あなたがお店のスタッフなら、まず、ひとつの棚にだけ集中してお客さんが喜びそうな品揃えや配置を考えればいい。事務を担当しているなら決められた範囲でミスのない完璧な仕事を心がけよう。交友関係も無理に広げる必要はない。自分が大切だと思える人とだけ、気持ちが通い合う関係を築けばいい。
そんなふうに、小さくて丁寧な取り組みを続けてゆけば、あなたは必ず理想に近い形でゴールにたどりつける。
小さい成功体験を積み重ねれば自信がつくし、経験値が高まってゆくから、少しずつ前よりも大きなこと、新しいことができるようになる。責任範囲が広くなっても、目が届かないと思ってイライラすることがなくなるし、自分で意識しないうちに倍の規模のプロジェクトでも、目が届くようになる。
あなたにもし、何か夢があって、でも何から手を付けていいかわからないのなら、小さいことから始めてごらん。

STARMAP
VIRGO

3

自分の役割、
使命を思い出す

乙女座は実務的な能力にもとても恵まれている。何事をやる場合も、きちんと計画をたて、手際よく作業を進め、さまざまな条件をクリアしながら着実に成果をあげることができる。
ただ、乙女座が実務能力を発揮するのは、自分のやるべきことがわかっているとき。自分に与えられた役割や使命が曖昧だと、乙女座は何もできなくなってしまう。自分はなんとなくその場にいるだけで物事が進んだり、自分の担当の境界がはっきりしないと、何をやればいいかわからなくなって、固まってしまう。
だから、なんとなくやる気が出ない、そんなときは、自分の役割を一度整理しよう。
たとえば、仕事なら自分の業務を全部書き出す。あるいは、会社全体のなかで自分がどういうパートを担っているか整理する。人生への向き合い方も同じ。自分の能力で社会に対してできることは何か。長い人生のなかで今できることは何かを考える。
大事なのは、自分の価値を見失わないこと。あなたは自分が思っている以上に、重要な役割を担っている。あなたがいないと、いろんなことやいろんな場所がうまくいかなくなってしまう。
だから、落ち込んだときは、もしも自分がいなくなったら、と考えてみよう。あなたの家族、あなたの職場、サークルがどれだけ困るか、あなたがいなかったら友人やペットたちがどれだけ淋しがるか。これまでの人生でかかわった人たちが、あなたと出会っていなかったらどうなっていたかを想像してみて。
人生は、一羽の小鳥を育てるだけでも大きな価値がある。しかも、何事もきちんとやれるあなたはいろんな場所で求められている。いろんな人に価値を認められている。そのことを思い出せば、きっとやる気がわいてくるはずだ。

STARMAP
VIRGO

4

ファンタジーで終わらせるな

乙女座は、とてもロマンチックで夢見がち。たとえばあなたが女性なら、白馬の王子様を夢見て、空想の世界にふけることができる。でも一方で、地に足が着いた乙女座は、魚座のように夢と現実が一体化したりしない。むしろ、それは夢に過ぎないと自分を戒め、過剰に現実的になろうとする傾向がある。
でもちょっと待って。あなたが抱く夢、ファンタジーはほんとうに現実にならないのだろうか。
もちろん、白馬の王子様がそのまま登場することはないかもしれない。でも、あなたの夢、ファンタジーはその一部が、あるいは別の形に姿を変えたものが必ず、目の前に表われる。
なぜなら、あなたは空想に遊ぶときもディテールを描く力がある。たとえば、王子様を想像したら、あなたはその王子様がどんな横顔で、どんな美しい王冠をつけ、どんな声で、あなたをどう抱きよせるか、すごく克明に想像できる。そのディテールがあなたの感性の核になり、現実の生活でも夢にとても近いものを引き寄せてくるのだ。空想の王子様とそっくりな美しい鎖骨と口癖をもつ男性に出会ったり、その王冠のイメージですばらしいアクセサリーを作れるかもしれない。
注意しなければいけないのは、空想の欠片が目の前にあらわれたときに、それを見逃したり、過剰な現実主義から「気のせいだよ、きっと」と自分で拒否してしまうこと。
それはとてももったいない。現実生活の中であなたが見る夢に似たものが接近してきたときは、必ずその欠片を掴んで、自分の中に取り入れる方法を考えよう。ときには、夢に近いものを自分から探しに出かけるのもいい。夢を意識し、夢に似たものを探すだけで、あなたのファンタジーはいつか現実になる。

STARMAP
VIRGO

5

できることを
増やしてゆこう

自分の中で何をやるべきかがはっきりするまで、なかなか動き出せないあなた。でも、やりたいことがみつからないときは、無理に目標をもとうとしなくていい。どこに向かって進めばいいのかわからないときは、一歩を踏み出す必要はない。
でもそのかわり、たちどまっている間に、できることを増やしておこう。資格をとるでもいいし、英会話をマスターするでもいいし、デザインの勉強をするのでもいい。
あなたは、自分ができるかどうかわからないことをやろうとはしない。逆にこれができると思えたら、それがやりたいことに変わる。たとえば、あなたがいくらケーキが好きでも、自分で作ったことのないときは、絶対にケーキ屋さんになろうとは思わない。お菓子作りを習っておいしいケーキを作れるようになって、はじめてケーキ屋さんになろうという夢が生まれる。
だから、やりたいことがないうちに、自分のできること、武器をいっぱい作っておこう。それがあれば、後からやりたいことが増えてゆく。
目的はなくてもいい、資格マニアでもいい。何かをやるのがおっくうなら、お金を貯めるだけでもいい。お金があれば、いざというときの選択肢が増える。たとえば、お金があれば、やりたいことがみつかったときに、誰かに雇われるのでなく、お店を開くという方法を思いつくかもしれない。
やりたいことさえ見つかれば、センスがあって何事にも丁寧に取り組むあなたなら、絶対に成功する。だから今は焦らなくていい。そのときのため、心と技術の貯金をいっぱいしておこう。

STARMAP
VIRGO
WORDS

小さなことに
誠実でありなさい。
小さなことのなかに、
あなたの強さが
宿るのですから。

マザー・テレサ　修道女
1910/8/26 生まれ

STARMAP
VIRGO

WORDS

正しく強く生きるとは
銀河系を自らの中に意識して
これに応じて行くことである。

宮沢賢治　作家
1896/8/27 生まれ

「農民芸術概論綱要」より

STARMAP
VIRGO

あなたがもっとも輝くときは？

【仕事／役割／長所】

あなたに備えられた才能はなんだろうか？
あなたがもっとも力を
発揮できるのはどんな場所？
あなたが世界に対して果たす役割は何か？
乙女座のあなたが、もっとも輝くために。

STARMAP
VIRGO

6

ディテールに
徹底的にこだわる

「神は細部に宿る」という高名な建築家の言葉がある。

彼だけでなく、デザイナーや職人、映画監督、アニメーター、小説家……。ものを作る人のほとんどがそのディテールの重要性について語る。

匠の星のもとに生まれた乙女座は、生まれながらにしてその重要性を知っているのだ。

そして、実際に細かなディテールを作りこんでゆく才能にも長けている。何を作るにも丁寧で、繊細。妥協を許さないから、正確無比なものを作り上げてゆける。

その結果として、ほかの誰にもマネできないような美しい世界が作り出されるのだ。

だから、どんな仕事でもディテールを作り込むことに力を注いでみて。

何かの職人やデザイン、クラフトや家具づくり、お菓子づくり、マンガ家、文章を書くとき。

それに、その才能を発揮できるのは何も具体的にものを作る仕事だけではない。

たとえば、あなたが経理の仕事をしているならすごく細かいデータまできちんと整理されているような正確無比な表を仕上げる。

組織やお店の運営を任されているなら、スタッフがよどみなく完璧に働くことのできるフォーメーションを考える。

あなたはこんなこと誰でもできると思っているかもしれない。

でも、そんなことはない。ここまで完璧に作り上げられるのは乙女座のあなただけ。

そして、そのディテールにこそあなたの個性が宿る。

STARMAP
VIRGO

7

経験が積めるような
仕事を選ぶ

自分にとって未知のものや不可解なものに対してすごく臆病になってしまうことがある乙女座のあなた。
できるかどうかわからないことにチャレンジするよりも、できることを忠実に確実に積み重ねることを大切にする。
でも、逆に一度でも経験してしまえば大丈夫。その感覚はあなたの体の中に入り込み、溶け込んでゆく。自分なりにきちんと咀嚼して、そこからどうすればいいか。どうしたら良くなるかわかるからだ。
だから、仕事を選ぶときはとにかく経験値が積めるようなものを選ぼう。
替えの効く仕事や、その場限りの仕事では意味がない。
具体的に何か資格を取れるような仕事や、ゆくゆくは独立できるような仕事、職人のように特殊な技術が必要で、それを身につけることで転職に有利になるような仕事。
そこで得た経験が次につながったり、新たなスキルを身につけられる。臆病なあなたを無理やりにでも新しい世界へ引っ張っていってくれるようなものを選んでみて。
最初は怖いと感じるかもしれないが、責任感の強いあなたならどんな仕事でも必ずやり遂げられる。
自分の役割をきちんと果たすこと。それも乙女座の大事な使命なのだ。
そうやって経験を積むことで、いつの間にかその恐怖は薄れてゆく。
どんな仕事でも、あなたにとって既知のものに変わる。

STARMAP
VIRGO

8

より大きな役割を担わされる環境に身を置く

実務能力が高く、役割さえしっかりしていればどんな仕事でも完璧にこなせるあなた。
職場でも「○○さんに任せておけば大丈夫」と言われるほど信頼され、一目置かれているはず。
あなた自身は「自分にはこれくらいのことしかできない……」と思っているのかもしれないが、そうじゃない。
あなたはどれほど役割が大きくなっても、与えられた仕事ならきちんと対応できる。むしろ、役割が大きくなればなるほどどんどん成長して、いろんなことができるようになるのだ。
だから、もし今の自分に自信が持てずにいるなら進んで大きな役割を担ってみよう。
会社や仲間うちで大きな役割を任されそうになったら、迷わず引き受けてみて。
また、境界線がはっきりしていない仕事。自分の仕事か相手の仕事かよくわからないようなものがあったら、これは自分の役割だと宣言してしまおう。
ほかの人の仕事でも、公の場で積極的に新しいアイデアや改善点を提案してみるのも大事。
その結果、「じゃあ、○○さんやってみる?」「○○さんにお願いしたいんだけど」という話になっていろんな仕事を任されるようになるはず。
そうやって自ら大きな役割をゲットしに行き、持ち前の実務能力を発揮してひとつひとつこなしていけば、あなたの役割はさらに大きくなっていく。
そうすれば、もう「自分にはこれくらいしかできない」なんて思わなくなるはず。

STARMAP
VIRGO

9

ほころびを見つけて繕う

文明が成熟した現在は、もう成長の時代ではない。「より大きく、より多く、より速く」と競争し合うのでなく、ひとりひとりの幸福、社会全体の抱える課題、自然との関係、そういうことを考えなくてはいけない時代になっている。問題点を見つけ、ケアする。そんな細やかさが求められている。
そう、まさに乙女座が求められているのだ。
完璧主義であるがゆえに、うまくいってないこと、困ってること、傷んでいるもの、不具合を発見する力が、乙女座にはある。改善点を見つけることもできるし、細やかだから、その見つけたほころびを繕うことができる。
何か不具合が出たとき、改善する方法には2種類ある。ひとつは大元からシステムそのものを変えてしまって、不具合が出ないように作りかえる方法。もうひとつは、目の前の不具合に対して、最善の応急処置を施す方法。システムそのものを変えるのでなく、現状のシステムのなかでうまく機能するように、すみやかに、でも最大限に処置する方法。
前者は時間がかかるため、実際に求められる場面が多いのは、圧倒的に後者だ。そして、乙女座には後者の能力が抜群にある。
たとえばあなたが医療や介護の仕事をしていたとするなら、患者さんの少しの体調の変化も見逃さないだろう。もし根本的には治療することのできない病気やケガでも、痛みや苦しみを緩和し少しでもQOL（生活の質）を向上させる方法を見つけ出すだろう。
医療や介護の現場だけではない。会社組織のマネジメント、商品作りの過程、地域のお年寄りや子どもたち、事故や災害、捨てられたペット……。社会のあらゆるところに、ほころびはある。それを見つけ繕うのは、乙女座のあなただ。

STARMAP
VIRGO

10

マニュアルをつくる

乙女座はマニュアルを大事にする。
電化製品を買っても、きちんとすみずみまで説明書を読むタイプだろう。
たしかに、何かに取り組むとき、きちんと手順や方法論が示されていると心が安定する。
でも、それはたんに自分の頭で考えることを放棄しているとか、誰かの作った方法に乗っかって楽をするいわゆる「マニュアル人間」とは違う。
ただ、きちんと段階を踏んで物事に対処したいと思っているだけ。
むしろ、いろんな苦労をしながら、ひとつひとつ手順を踏んでゆく乙女座は、自分が経験してゴールへと辿り着いたプロセスをきちんと言葉や方法論にして伝えることができる。
ただ他人が作ったマニュアルを追いかけるだけではなく、自らマニュアルを作り出す能力が、乙女座にはある。
あなたが苦労しながら身に付けたことを方法論として伝えてくれるから、みんながあなたの後に続ける。あなたにその自覚はないかもしれないが、あなたが先を行けば、その道をみんなはとても快適に、楽に歩いてゆくことができる。
職人には自分だけが極めていくタイプと自分の技をきちんと伝授できるタイプがいるが、乙女座は間違いなく後者。
あなたは職人であるだけじゃなく、よき先生、よき師匠でもあるのだ。

STARMAP
VIRGO
WORDS

ハードワークは割に合う。

カーネル・サンダース　実業家、
ケンタッキー・フライドチキン創業者
1890/9/9 生まれ

「カーネル・サンダースの教え」（中野明）より

STARMAP
VIRGO
WORDS

わたしの線は、
いつもすこし震えています。
まるで心臓の鼓動のように。
震える線はわたしの
個性なのです。

ディック・ブルーナ　絵本作家
1927/8/23 生まれ

「ディック・ブルーナのデザイン」より

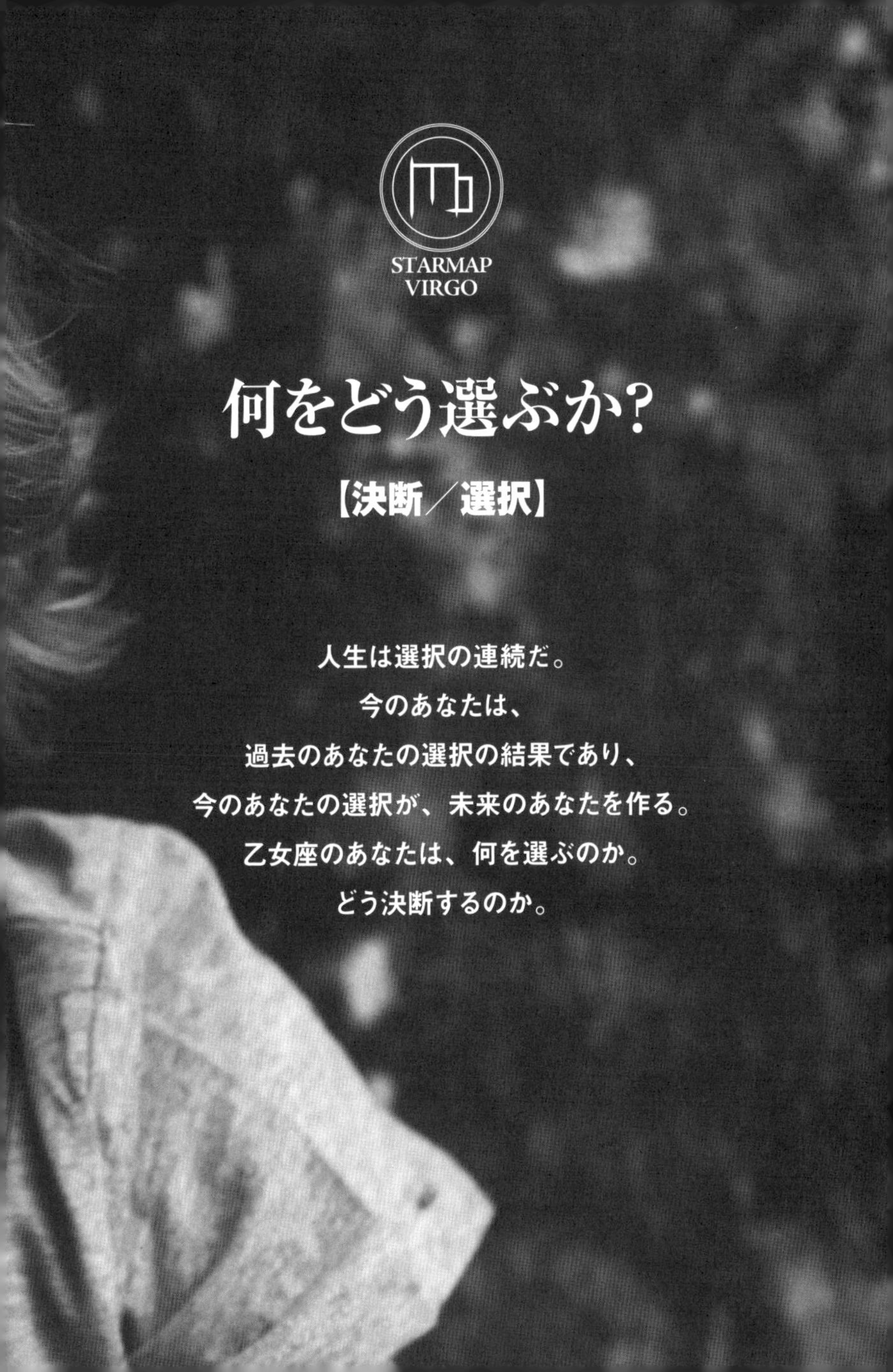

STARMAP
VIRGO

何をどう選ぶか?

【決断／選択】

人生は選択の連続だ。
今のあなたは、
過去のあなたの選択の結果であり、
今のあなたの選択が、未来のあなたを作る。
乙女座のあなたは、何を選ぶのか。
どう決断するのか。

STARMAP
VIRGO

11

自分のこだわりを
大切にしよう

乙女座は繊細といわれることが多いが、それは決してあなたが弱いということではない。周囲の出来事や人の言動に敏感に心を揺らしながらも、それでも奥深いところでは強いものをもっていて折れてしまうということはない。
あなたを強くしているもの。それは、ルールだ。ルールといっても、学校や会社の規則、世間一般の法律や常識のことじゃない。あなただけのルール、あなただけの哲学、あなただけのこだわりだ。
だから、あなたは迷わない。表面的には迷っているように見えても、自分のこだわりや哲学に則れば、答えはおのずから明快に出るはず。
あなたのこだわりや哲学は、決して自分勝手なわがままや利己的なものじゃない。正しさや美しさを感知するもの。人を幸せにするようなものだ。
だから、誰に遠慮することなく、あなたは自分のこだわりを徹底的に貫けばいい。
短期的に見れば、周囲と軋轢を起こしたり、自分でも自分が面倒に思えたりすることもあるかもしれない。困ることもあるかもしれない。
それでも、長い目で見れば、「こだわって良かった」という結果に、絶対なる。あのときこだわったからこそ、より良い状態を作ることができた。そう思えるときが必ずくる。
だから、あなたはこだわりを捨ててはいけない。
自分のこだわり、自分のルール、自分の哲学を大切にしよう。
そのこだわりに従ってゆけば、必ずあなたの未来は拓ける。

STARMAP
VIRGO

12

たっぷり時間をかけて選ぶ

物事の善し悪し、やるかやらないか。乙女座には、そういったことを判断する力がある。観察力や分析力があるぶん決断するまでに時間がかかることはあるが、決して優柔不断ではない。一度決めたら必ず守るからこそ、選択に人一倍慎重になるだけ。だから、焦る必要はない。たっぷり時間をかけ、いろんなことを観察したり分析しながら自分が納得のいくものを選べばいい。
もしもあなたがどうしても迷ってしまって決められないことがあるとしたら、それは要素を整理できていないとき。どこにポイントを置いて選ぶべきなのかがわからないと、混乱して立ち止まってしまう。
そういうときは、まず要素を整理してみよう。
たとえば、仕事のことでモヤモヤしているなら……。社内の人間関係、自分の仕事としてのやりがい、将来のキャリア、家族との問題、プライドの問題、通勤や勤務地の問題、金銭的なこと。それぞれをどういうふうに思っているのか、ひとつひとつ要素をばらして判断してみよう。
また、選択肢のなかから段階的に選んでゆく方法もある。
何を食べるか迷ったときでも、まずは和食にするか洋食にするか。ごはんなのか麺類なのか。麺類にするならラーメンかパスタかおうどんかおそばか。
そうやって少しずつ選択肢をせばめてゆくことで、自分の気持ちの整理ができ、心から望む選択肢を導き出すことができる。
時間をかけていろいろ考えたけれど、結局最初の直観がいちばん良かったというタイプの人もいるが、あなたはちがう。
時間をかければかけたぶんだけ、よりよい決断ができる。納得ゆくまで悩めば、必ずベストの結論に辿り着ける。

STARMAP
VIRGO

13

頭じゃなくて手で選ぶ

乙女座の守護星である水星の神ヘルメスは、亀の甲と牛の皮で竪琴を作り、太陽の神に捧げた。ヘルメスの竪琴。それは、隅々まで計算され、きっちり設計、正確に調律された、完璧な竪琴。乙女座もまた、竪琴を作るヘルメスのように、完璧を求める。細かい点までチェックし、一切の妥協を許さない。それゆえ、あなたは人から信頼され、評価も高い。でも、すべてにおいて完璧を求めるがために、満足ゆくものができないときや納得する結論が出ないとき、足踏みして一歩も前に進むことができなくなってしまうことがないだろうか。

それはもったいない。あなたの求める完璧は、頭のなかや机上にあるだけの空想の完璧じゃない。あなたの手や皮膚感覚、身体を通して、現実の形になったときにこそ、いちばん輝く。

だからそんなときは、頭のなかで完璧を求めるのを一度中断し、とにかく手を動かし始めてみよう。

すごく美しい雑貨をデザインしたいなら、ノートに完成予想図を描くだけでなく、試作品を作ってみる。手芸なら、型紙やデザイン案で止まるのでなく、実際に編んだり縫い始める。文章や企画書を書くときも、頭のなかで構成を考えていて煮詰まったら、とりあえずパソコンの前に座って文字を打ち始めてみる。

最初のうちは、満足にはほど遠いものしかできないかもしれない。でも、何度も何度も手を動かしていれば、その過程でどんどん自分の理想とする形が浮かび上がり、そのほかの無駄なものは削ぎ落されてゆく。あなたの求める完璧に近づいてゆく。

意識や知性、頭の中の世界があなたを完璧にするのではない。あなたの手が、足が、指先が、身体感覚があなたを完璧な世界へと導いてくれるのだ。

STARMAP
VIRGO

14

たくさん失敗しよう、
たくさんまちがえよう

失敗することは誰でも怖い。高い理想をもち完璧を求める乙女座ならなおさら。だから物事にすごく慎重になりがちで、なかなか冒険したり新しいことを始めることができない。
だけど、失敗しなければ人は成長してゆけないもの。
人類の進化の歴史も、また失敗の歴史だ。事故を起こしたり、トラブルや障害を引き起こしたり、何度も失敗を重ねた末に、新しい発明や考えが生まれた。
だから、失敗を恐れないで。むしろたくさん失敗しよう。
何か意見を求められたときも、みんなに笑われるのを恐れて黙るのではなく、思いつきをそのまま口に出してみる。「それで笑われてもかまわない」「笑いを誘う」くらいの気持ちでいればいい。あなたが思っているほど、人はあなたの失敗を失敗だと思っていない。一度失敗してみれば、そのことに気づける。
そして、自分で自分の失敗を笑い飛ばせるくらいになれば、どんどんいろんなことにチャレンジして成長してゆける。失敗してもそれを克服するアイデアを考えて実行し、また失敗して克服して。それを繰り返してゆくことで、修正すべきポイントや改善点が見え、より完璧へと近づいてゆける。
それでも、あなたは失敗することが恥ずかしいと思ってしまうかもしれない。
それなら、失敗に慣れよう。失敗するとわかっていることにあえてチャレンジしてみよう。人がどう思うかなんて考えず、思ったままを口にしたり、たくさん間違えてみる。
失敗に慣れるための練習だと思えば、失敗することも怖くなくなるはず。
どんどん失敗しよう、どんどんまちがえてみよう。

STARMAP
VIRGO

15

ときには情報を
捨ててみよう

何かを選ぶとき、できるだけ多くの情報を集めて分析し、とことん吟味するのが乙女座のあなた。
それはとても素晴らしいのだが、慎重派ゆえにどうしてもネガティブな情報ばかりかき集めてしまいがち。なまじ鋭い観察眼や冷静な分析力があるせいで、欠点やデメリットにばかり目が行ってしまい、はじめの一歩が踏み出せなくなってしまうことがある。
そうやってきちんと観察して分析し、吟味することでいい決断を下せるのも事実だから、普段はそれでもかまわない。
でも、ときどきでいい。何回かに1回でいいから、その情報を捨ててみよう。
まわりの人がよくないと言っていたから、評判が悪いから。そんな情報を捨てて、自分がやりたいかどうかだけを考えてみる。
情報を捨てるといってもすべてを捨ててしまう必要はない。
机の上に散らばったいろんなものをスッキリ片付けてみたり、壁に貼っているメモやポスターをはがしてみたり。
Twitter が好きでいつも見ているなら、それ以外の SNS は見ないようにする。
迷っていることがあるなら、いろんな人に意見を求めるのではなく、自分が信頼できる1人に絞って相談する。テレビもパソコンもつけない日を作ってみたり、携帯をオフにして日常のアンテナをオフにする時間を作ってあげよう。
こんなふうに、本当に必要なものやいつも見ているもの以外を捨ててしまうのだ。
いつも膨大な情報を抱えていると、頭の中が混乱してしまう。
だけど、情報の数を減らして絞り込むだけで冷静に判断できることもある。勇気を出して情報を捨ててみよう。

STARMAP
VIRGO

WORDS

成功とはただ一つ。自分の人生を自分の流儀で過ごせることだ。

アガサ・クリスティ　作家
1890/9/15 生まれ

「心が折れそうなときキミを救う言葉」
（ひすいこたろう、柴田エリー）より

STARMAP
VIRGO
WORDS

中途半端に悩むのではなく、
悩むなら徹底的に悩んで、
自分が一番だと信じる
結論を出す。
それがわたしのやり方です。

澤穂希　サッカー選手
1978/9/6 生まれ

「負けない自分になるための 32 のリーダーの習慣」より

STARMAP
VIRGO

壁にぶつかったとき、
落ち込んだとき。

【試練／ピンチ】

あなたの力が本当に試されるのはいつか？
失敗したとき、壁にぶつかったとき、
落ち込んだとき……。
でも、大丈夫。
あなたは、あなたのやり方で、
ピンチを脱出できる。

STARMAP
VIRGO

16

ぐずぐず悩んでも大丈夫

何か失敗したり落ち込むたびにいつもぐずぐずと悩んでしまう。
あなたはそんな自分を「ダメな奴だ」なんて思っているかもしれない。
でも、そんなことはない。そうやってぐずぐず悩んでしまうことも乙女座の魅力。悩みがあるなら、自分の気が済むまでとことん悩み続けていい。
あなたの場合、どれだけ人にグチを言っても発散できるわけではないし、大騒ぎしてお酒を飲んでみても気持ちが切り替えられるわけじゃない。
少し辛いかもしれないが、あなたがそこから脱出する方法はぐずぐず悩み続けるしかない。
そもそも、あなたがイヤなのは悩んでいることではなく、何に悩んでいるのかわからないこと。
モヤモヤしているのは仕事が原因なのか、恋愛のことなのか、それともこれからの人生について悩んでいるからなのか。それがわからないからイヤなのだ。
でも、悩みの原因なんてたいていは複合的なことのほうが多いし、いろんな悩みが重なり合って大きく膨れ上がっているもの。
だから、ひとり反省会を開いてそのモヤモヤの原因を思いつく限り書き出してみよう。そうやってひとりで悩んでいるうちに、いつの間にかその悩みは整理されてゆく。
自分はいま何に悩んでいて、それは何が問題なのか。
それさえわかってしまえば、あなたはもう大丈夫。
たとえ解決しなくても、その悩みを抱えながらも、クリアな気持ちでいられる。

STARMAP
VIRGO

17

日常の習慣を
意識してきっちりやる

いつも起きる時間に起きられない。普段はきれいに片付けられているはずの机に物が出しっ放しになっている。
こんなふうに日常生活のリズムが崩れているときは、あなたが落ち込んでいるサインかもしれない。
乙女座のあなたは自分でルールや課題、使命を作ってそれをきちんとこなしてゆくことで毎日のモチベーションを保てたり、エネルギーがわいてくるタイプ。
だから、どんなときでも自分が毎日やっている習慣を崩さないことが大切なのだ。
毎朝散歩しているなら、必ず毎朝散歩に出かける。毎晩日記や家計簿をつけているなら、欠かさずつけるようにする。
そういった習慣が崩れていないか見直したり、サボっていたことを立て直すことで自然と元気が出てくる可能性がある。
もしもそれでも元気が出なければ、新しいルールや習慣を加えてみよう。
1日おきに掃除をしていたなら、それを毎日に変えてみる。
散歩やジョギングのように運動的な習慣をやっているなら、週2冊本を読むとか、週3本映画を見るといった文化系の習慣を加えてみる。
毎朝通勤途中で出会う人に必ず挨拶をしたり、今まで外食だったランチを毎日お弁当を作ってもっていくことにしたり。
そうやって新しいルールを作るのだ。
1度決めたら必ずやり遂げるあなただから、多少厳しくてもルールさえ作れば、それをクリアしようと一生懸命になる。クリアするための元気がわいてきて、気づいたら生活全般に前向きになっているはず。

STARMAP
VIRGO

18

細かい作業に集中する

乙女座は、職人にたとえられることが多い。糸を紡いだり、布を織り上げてゆくような、繊細な作業。それは繊細さと、永遠に続く退屈な作業のあいだ、その繊細さを維持し続ける忍耐力をも象徴している。
乙女座は、たんに細かく美しいものを作れるというだけでなく、細かいことに向き合うことで心の安定を得られる。最も充実感を得られるということでもある。
米粒にお経を書いたり、小さな千羽鶴を折ってみたり、ひたすら針をさしてフェルトのマスコットを作ったり。
小さく細かい作業を続けることで、瞑想に近い効果が得られたり、精神的な高みへとゆける。没頭して細かいことをすることで、意識がゾーンに入っていくような。
星座によっては、肉体的にハードなことをすることでゾーンに入る人もいれば、人と関わることで気分を盛り上げられる人もいる。乙女座にとってのそれは、すごく細かいことに没頭すること。
夢中になっているといつの間にかゾーンに入り、日常生活では得られないリラックス感やなんとも言えない浮遊感を味わうことができる。
落ち込んだときは、刺繍が好きな人はひたすら刺繍をする。好きな文章を美しい字で書き写してみたり、細密画を描いてみるのもいい。ものすごく難解なパズルをやるのでもいい。
気がついたら朝になっていたなんてこともあるかもしれないが、寝てないのがウソのように心はスッキリとしているはず。
あとはゆっくり寝て疲れた体を休めるだけで、元気なあなたに戻れる。

STARMAP
VIRGO

19

自分のハッピーを分析する

乙女座は、落ち込むとどんどんマイナス思考に陥ってしまうことが多い。観察力や分析力があるせいで、自分が置かれた状況や自分自身について、マイナスの方向に深く考えすぎてしまう。
その思考回路を逆転させるために、自分がいかに恵まれているか、自分の未来にはどれだけのプラスやハッピーがあるか、分析してみよう。マイナスに対してでなく、ハッピーに対して分析力を発揮してみよう。
ネガティブになっているとき、頭を切り替えるのは難しいし時間がかかるかもしれない。でも、自分が幸せだ、恵まれていると思うことを1つ1つ書き出してみる。
どうしても思いつかないなら、宿題やドリルのように「自分のいいところ50コ」「自分が人に比べて恵まれていること50コ」「今日あったいいこと50コ」「未来で可能性があること50コ」などと書き出す、という課題を課してみればいい。
毎年たくさんの友だちや家族に誕生日をお祝いしてもらえる自分は幸せ。今の仕事は大変だけど、ここで身に付けた技術や取得した資格があれば、この先もっと条件のいい職場に転職できるかも。○○さんは出世して給料も増えたけど、私は自分のやりたい仕事ができているから幸せ。△△ちゃんは結婚して子どもも生まれて幸せそうだけど、自分の時間が減ったと愚痴ばかりこぼしている。それに比べて私は合コンで素敵な出会いがあったし、ジムで体を鍛えたり趣味のカフェ巡りもできる自由な時間がある。
そうやって考えているうちに、いつのまにかネガティブ一色だった気持ちが晴れてゆく。潮が引いてゆくように、マイナスの分析が消えてゆくだろう。

STARMAP
VIRGO

20

体をケアする、
体のチャンネルから
働きかける

ホロスコープの６番目に位置する乙女座は、健康と肉体を司る。
「自分の思ったことはなんでも可能だ」と思っていた獅子座の過程を経て、乙女座は肉体の限界を知る。ずっとは起きていられないこと。食べられるものにも限界があり、病気を経験したりすることで、自分の輪郭をはっきりと知ってゆく。
だから、乙女座のあなたにとって仕事や使命と同じくらい健康であることが大事になってくる。
あなたは「やらなければならない」「自分がするべき」といった役割意識を強くもっている。
それを見つけてしまうと、寝食も忘れて取り組むことができるのだが、どうしても身体は置いてけぼりになってしまう。
そのストレスが、便秘や頭痛、肩こりや熱っぽいといったサインとなって表れるのだ。
頭が締め付けられる感じがするときは、ただ頭痛なだけでなくあなたの狭い考え方に自分が苦しめられているのかもしれないし、胸が苦しいのもそれだけ多くの不安を抱え込んでいるからかもしれない。
それを無理やり押し殺したりなかったことにするのではなく、少しだけ身体の声に耳を傾けて気を配ってあげよう。
たとえば、定期的にアロマセラピーやマッサージを受けに行く。太極拳やヨガを習ってみるのもいいし、温泉やスパに出かけるだけでもずいぶん心と身体がリフレッシュされるはず。
身体の声に敏感になって心と身体をうまくコントロールすることで、あなたは自分の役割を果たしてゆくことができる。

STARMAP
VIRGO

WORDS

今日悲しいのは今日のこと
昨日のことではありません
昨日はどこにもありません
今日悲しいのは今日のこと

三好達治　詩人
1900/8/23 生まれ

「昨日はどこにもありません」より

サンクチュアリ出版＝本を読まない人のための出版社

はじめまして。サンクチュアリ出版・広報部の岩田梨恵子と申します。この度は数ある本の中から、私たちの本をお手に取ってくださり、ありがとうございます。…って言われても「本を読まない人のための出版社って何ソレ??」と思った方もいらっしゃいますよね。なので、今から少しだけ自己紹介させてください。

ふつう、本を買う時に、出版社の名前を見て決めることってありませんよね。でも、私たちは、「サンクチュアリ出版の本だから買いたい」と思ってもらえるような本を作りたいと思っています。そのために"1冊1冊丁寧に作って、丁寧に届ける"をモットーに1冊の本を半年から1年ほどかけて作り、少しでもみなさまの目に触れるように工夫を重ねています。

そうして出来上がった本には、著者さんだけではなく、編集者や営業マン、デザイナーさん、カメラマンさん、イラストレーターさん、書店さんなどいろんな人たちの思いが込められています。そしてその思いが、時に「人生を変えてしまうほどのすごい衝撃」を読む人に与えることがあります。

だから、ふだんはあまり本を読まない人にも、読む楽しさを忘れちゃった人たちにも、もう1度「やっぱり本っていいよね」って思い出してもらいたい。誰かにとっての「宝物」になるような本を、これからも作り続けていきたいなって思っています。

STARMAP
VIRGO
WORDS

石はどれでも同じなんだよ。
どの石もみんな宝石なんだよ。
だが人間はその中の
ほんの少しだけが宝石だと
思ってるんだよ。

モーリス・メーテルリンク　作家
1862/8/29 生まれ

「青い鳥」（堀口大學訳）より

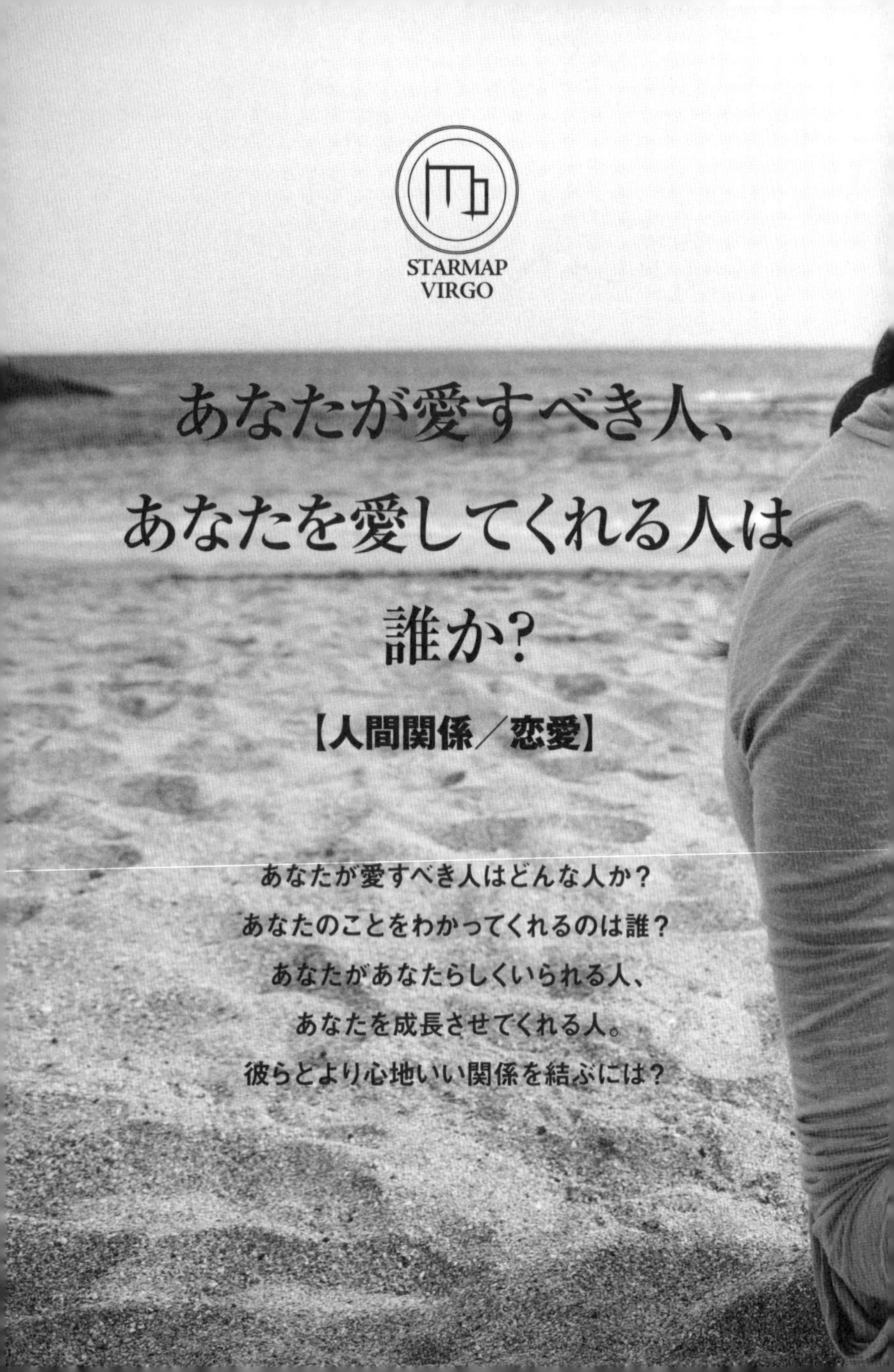

STARMAP
VIRGO

あなたが愛すべき人、あなたを愛してくれる人は誰か?

【人間関係／恋愛】

あなたが愛すべき人はどんな人か？
あなたのことをわかってくれるのは誰？
あなたがあなたらしくいられる人、
あなたを成長させてくれる人。
彼らとより心地いい関係を結ぶには？

STARMAP
VIRGO

21

段階的に関係を深めてゆく

未知のものに対する不安。それは、人間関係でも同じ。
あなたは、出会ってすぐに一目惚れして自分から積極的にアプローチしたり、よく知らない相手だけど告白されたから好きになったりといったことはほとんどないだろう。
基本的には価値観が同じとか感覚が合う。そういったポイントがあってじっくり関係を深めてゆき、そこから友だちになったり、恋人になったりする。
まず出会って、一緒にごはんを食べに行く。友だちになり、お互いの趣味を共有して仲間になる。お互いの家を行き来するような関係になる。こんなふうに、ひとつひとつ段階を踏むことで悩みも打ち明けられるような深い関係を築くことができる。
そういう段階を踏むことが、乙女座の人間関係の基本。
恋をしなくちゃとか、すぐに打ち解けなきゃ。自分は友だちが少ないんじゃないか。そんなコンプレックスを抱く必要はない。
仲良くなる速度も誰かを好きになる過程も人それぞれ。あなたはゆっくり時間をかけて段階的に関係を熟成させてゆくタイプなだけ。
だから焦らないで。
時間をかけたぶんだけ、いくつになっても変わらない信頼関係を築けるはず。
あなたがいい関係を築いてきたと実感できるのは、もしかしたら歳をとってからかもしれない。
未来のあなたの隣には、何者にも代え難い素敵な恋人や親友が、きっといる。

STARMAP
VIRGO

22

自分と世界がちがうと決めつけない

未知なものや不可解なものに対して不安をもってしまう乙女座。本来は冷静に観察して公平な分析もできる。でも不安におちいると、ファッションや所属しているグループやクラスタがちがうというだけで、相手を遠ざけてしまうことがある。
でも、それは誤解。
もしファッションの趣味がちがっても、話してみたら音楽の趣味はすごく合うかもしれない。見た目も趣味も全然ちがうのに、笑いのツボや感動できるポイントが同じだったり。
好きなことや趣味、過ごした環境が全然ちがっていても、どこか本質的なところや根っこの部分で価値観を共有できたり、細部まで美しいことにこだわる姿勢がシンクロしていたり。
たまたま出会ったとき、あなたにとってまったく興味がないと思っていた仕事についている人でも、もしかしたら数年後、あなたがその仕事に関わることになったり、相手があなたの興味のある仕事に転職している可能性だってある。
知識や好みのファッション、食べものや音楽の趣味は、出会ってからお互いに影響を与え合って変わってゆくもの。
だから、それだけで自分とは世界がちがうと決めて、可能性を排除しまうのはもったいない。出会いのチャンスが狭まってしまう。
初対面で自分とは世界がちがうと思ったとしても、もう一歩だけ相手の世界に踏み込んで、その人を知るようにしてみよう。
それでもちがうと思えば、やめればいい。
でも、今よりもう一歩だけでいい、踏み込むようにしてみよう。
あなたの世界は広がるし、より研ぎ澄まされてゆくだろう。

STARMAP
VIRGO

23

あなたが愛すべき人

ゆずれないポリシーやこだわりがあって、自分の世界をハッキリともっている乙女座のあなた。
そのハッキリとしたあなたの世界を共有できるかどうか。それは、あなたの人間関係において、とても大事になってくる。
あなたと同じように、いろんな美しさを感じられること。美的感覚を共有できることは、おそらく外せないポイントだろう。
同じものを見て同じように美しいと感じられる相手となら、あなたは落ち着いた気持ちでいられるし、強い強い絆を結ぶことができる。
でも一方で、とても大胆で「なんでそんな危なっかしいことを？」と思ってしまうような人に心が惹かれてしまうことはないだろうか。
第一印象では苦手意識を持ってしまうかもしれないし、慎重派のあなたは危なっかしい相手を見ているとハラハラしてしまうかもしれない。
だけど、自分の完璧に美しい世界を守ることに心をくだいているあなたを横目に、何にでも飛び込んでしまう人。それがどんな利益をもたらしてくれるか、それをやるとどうなるかなんて一切考えない人。
そんな相手といると、あなたもつられて飛び込んでしまえるかもしれない。ひとりではできないようなことも、その人と一緒ならできるかもしれない。
ハラハラするけどなぜか目を離せない。そんな人に出会ったら、迷わず飛び込んでみて。
その人は、未知の世界へと踏み出す勇気や世界を広げる行動力を、あなたにもたらしてくれる。

STARMAP
VIRGO

24

あなたをほんとうに
愛してくれる人

いつも完璧を求めてがんばっているあなた。とても繊細で傷つきやすいところがあるあなた。
あなたをほんとうに愛してくれる人は、そんなあなたの心の揺れや痛みを、取るに足らないことと過小評価したりしない。
ときに自分でも自分がめんどくさくなってしまうような、自分でも手に負えないような。そんなあなたのこだわりや決め事、理想、哲学。そういうものをどんな小さなことも決してないがしろにしないで、認めてくれる。
そうしたこだわりが、あなたの純粋さゆえであることを知っていて、美しいものとして尊重してくれる。
あなたをほんとうに愛してくれる人は、あなたの純粋で美しい世界、その世界を形作っているあなたのこだわりや決め事、哲学、ポリシーも含め、すべてを愛し大事にしてくれる。
その純粋さ、潔癖さゆえに、あなたが周囲と軋轢を起こし傷ついたとしても、不用意にあなたを止めたりしない。傷ついても守りたいものがあること、あなたのがんばりを理解し、そっと見守ってくれる。
乙女座はたしかに繊細で傷つきやすいけれど、決して弱いわけではない。たとえ傷ついても自分の世界を守ったり、傷つきながらも使命を全うする、強さをもっている。
その弱さと強さを深いところでわかってくれる人となら、慎重で臆病なあなたも安心して心を開き、深い絆を結ぶことができるだろう。
あなたがどれだけ価値があってかけがえのない存在であるか、その人はあなたに教えてくれる。ただ生きているだけでいい。がんばらなくてもいい。そんなふうに感じさせてくれる。

STARMAP
VIRGO

25

恋があなたを成長させる

慎重で、めったなことでは冒険しない乙女座。恋愛においても、基本的にはお互い信頼し合える相手や価値観が似ているという人を選ぶことが多い。
でも、恋に落ちたときだけは全然ちがった一面を見せることがある。安定した関係やお互いを高め合える関係、固い絆で結ばれた関係を求めているのに、どこか危険な香りのする人や将来性がまったく見えないような人に魅かれてしまうことがある。
場合によっては暴力を振るう男性に惚れてしまったり、浮気癖の治らない女性に振り回されてしまうことも。その結果みすみす生活を危険にさらしてゆく乙女座も案外多い。
でも、それはそれでいいと受け止めよう。
恋愛で振り回されたり傷つくことで、乙女座の平穏な生活は乱されてしまうかもしれない。心の安定が崩れ、大事に守ってきたルールもぐちゃぐちゃになるかもしれない。
それでも、崩れることで初めてわかることもある。
不安定な状態を知らず、ただ安定したもののうえに乗っかっているだけでは深みがなくなるし、予期せぬ事態に対処できない。
恋愛で自分のペースをかき乱されて混乱することで、あなたは不安定な状況を経験することができる。そのときは、それをチャンスだと思ってただ荒々しい恋愛に夢中になればいい。
今は自分を振り回すだけの存在だとしても、ぶつかりあって価値観を共有することで将来的には信頼できるパートナーに変わる可能性もある。たとえどんなにひどい状況になっても、乙女座のあなたなら必ずまた自分が落ち着ける関係や状態に戻ってくることができる。
だから安心してその恋に溺れてみよう。

STARMAP
VIRGO
WORDS

恋という奴は一度失敗してみるといいかも知れぬ、そこで初めて味がつくような気がするね。

若山牧水　歌人
1885/8/24 生まれ

「若山牧水書簡集」より

STARMAP
VIRGO

WORDS

「あの特殊な状況の中で、父さんはできるだけのことをしてくれた。父さんは完璧ではなかったけど、温かで、まあまあで、ぼくたちを愛する努力をしてくれた」とあの子たちが心の中でつぶやいてくれるといいなと思うのです。

マイケル・ジャクソン　ミュージシャン
1958/8/29 生まれ

「文藝別冊　マイケル・ジャクソン」より

STARMAP
VIRGO

あなたが
あなたらしくあるために
大切にすべきこと。

【心がけ／ルール】

自分らしさって何だろう？
誰もが、もって生まれたものがある。
でも、大人になるうちに、
本来の自分を失ってはいないか。
本来もっているはずの自分を発揮するために、
大切にするべきことは？

STARMAP
VIRGO

26

自分の世界への入り口を入りやすくする

あなたは自分の中にとても美しい世界をつくりあげている。趣味であれ、仕事であれ、生活であれ、あなたの世界は細部まで高い美意識に貫かれ、非の打ちどころがない。でも、あなたはその世界をあまり人に見せたがらないし、さわらせたがらない。誰かが興味をもって近づいても、距離をとって逃げてしまう。
あなたはきっと、誰かにさわられると自分の世界が壊れてしまう、誰かに見られると変に解釈されねじ曲げられてしまうと警戒しているのだろう。でも、あなたの完璧な世界は、誰かが触れたくらいで壊れてしまうようなもろいものじゃない。あなたの美しさは何が起きてもゆるぎない。あなたの世界に触れた人は、あなたのことを評価し好きになるだろう。
だから、あなたは自分の世界への入り口を閉じるのでなく、開くべきだ。敷居が高ければ、もっと入りやすくしたっていい。
世界観や美意識を変える必要はない。重要なのは、入り口を入りやすくすること。たとえば、ブログをやっているならクリックしたくなるようなタイトルをつけてみる。自分の考えをプレゼンするときは、なるべくわかりやすい言葉を使ってみる、お店をしているなら口コミしたくなるような工夫をしてみる。
たくさんの人にわかってもらえなくていい、自分を100%理解してくれる人だけでいい。そう思っているかもしれない。
でも、あなたを知る人がいなければ、ほんとうの理解者にも出会えない。少しだけ間口を広げて、あなたのことを知ってもらおう。最初はうわべだけだったり、ちがう理解のされ方をすることがあるかもしれない。でも、時間がたてば、その中から必ずあなたの世界の隅々までを支持してくれる真の理解者があらわれる。あなたの世界は、それだけの魅力があるのだから。

STARMAP
VIRGO

27

全体の一部として輝く意識をもとう

与えられた役割や使命を細部にいたるまで完璧にこなすことのできる乙女座。ただ、目の前の完璧さを追究するあまり、ときどき全体との関係を見失うことがある。
細かい事務手続きにこだわりすぎて、商品の流通を遅らせてしまったり、ボランティアで自分だけががんばりすぎて他のメンバーが息苦しくなってしまったり。あるいは、一部分のインテリアだけつくりこみすぎて、部屋全体の中で浮いてしまったり。
あなたは、もともと自分だけがよければいいという人じゃない。みんなが幸福になる、世界全体が美しくなるということに、人一倍憧れをもっている。会社に勤めていたら会社全体がうまくいって、お客さんもハッピーになれる状況を求めている。でもそれが難しいことも知っているから、自分ができる範囲のこと、目の前のこと、自分のパートを完璧にすることに集中する。
普段はそれでいい。乙女座の取り組みは範囲が小さくても完璧で誠実だから、必ず他の人たちの助けになるし、全体の利益に大きく貢献している。でも、時間の経過とともにその思いがずれ、気づかないうちに全体との関係が断ち切れることがある。
だから、ときおりチェックしてみよう。あなたの役割が全体の中でどう機能しているか。どういうバランスで完璧さを追求してゆけば、全体の利益につながるか。みんなが幸せになるために、プロジェクトがうまくゆくように、もっと自分がやれることはないか。そして、自分の力がうまく全体につながっていくように、力の入れ方を微修正してゆこう。
細部にこだわりながら、全体のことも考える。そうすれば、ディテールも美しくてその集合体である作品全体も美しい、あなたが本当に求めているタペストリーのような世界ができあがる。

STARMAP
VIRGO

28

新しいルールで、
新しい自分をつくる

乙女座はルールを大切にする。ルールがあったら、必ずそれをきちんと守ろうとするし、ルールがあることで精神が安定し、迷いなく何かに取り組むことができる。
でも、一方でそのルールがあなたを必要以上に縛り、小さな世界に閉じ込めてしまうことがある。本来もっている力や世界を狭めてしまう危険性がある。
といっても、あなたにルールを捨てろというのは無理な相談だ。乙女座にとってルールは、自分が自分であるための根幹だから。だったら、あなたの世界を広げる新しいルールをつくろう。あなたを縛る古いルールを、新しいルールで上書きしてしまおう。
たとえば、「人が嫌がることをしない」というルールはとても正しいルールだけれど、あなたから積極性を奪い、「こんなことを言ったら嫌われないか」というマイナス思考を誘発する。だったらそれを「1日1回人が喜ぶことをする」というルールに変えればいい。そうすれば、マイナスに向けられていたエネルギーがプラスに転化され、他人と今まで以上に、そしてストレスなくいい関係を築くことができるかもしれない。
自分の殻をやぶるきっかけや欠点をおぎなうようなルールを加えてみるのもいいだろう。コミュニケーションが苦手な人は、「朝、最初に出会った人に必ず声をかける」というルールを加える。引きこもりがちの人は「月に1回、行ったことのない場所に出かける」ということを、自分の課題にしてみる。
繰り返すけれど、あなたはルールさえあれば、必ずそれをきちんと守ってゆくことができる。後ろ向きな自分を前向きにするルール、マイナスじゃなくてプラスに目がいくようなルール。そんな新しいルールをつくって、自分の世界を広げてゆこう。

STARMAP
VIRGO

29

レールから外れることを恐れないで

つねに安定や秩序を求めているようにみえる乙女座。でも、その心の奥底には燃えたぎるような、熱い情熱を秘めている。静かな大地の奥底にマグマの熱い塊が煮えたぎっているように。

だから、ときおりそのマグマが爆発して、あなたに普段とはまったくちがう行動をさせたり、激しい感情を発露させたりする。

たとえば、好みとは正反対の浮気性の男性と恋に落ちたり、嫌悪しているはずの不倫関係におちいったり。落ち着いて静かに働きたいと思っているのにすごい勢いで会社を批判したり、親と安定的でいい関係なのに突如家を出て一人暮らしを始めたり。

しかも、乙女座はいったんブレーキが外れると、止まらない。予測もつかない方向に転がっていく。

でも、それでいい。自分の暴走を止める必要はない。

乙女座のなかには、古代の官能的で性的な豊穣の女神が潜んでいて、あるときその女神が大きく人生を導くときがある。

安定したレールを外れて、普段の自分からは考えられないような危険なことを試みたり、普段自分が見せないような感情の動きをしたときは、あなたが魂の内側と向き合う最大のチャンス。

たとえば、盲目的な恋に落ちることは、一見マイナスにうつるが、ルールを守って安全地帯で生きているあなたにとって、感情の機微を知り人間の幅を広げるきっかけとなる。

だから、レールから外れることを恐れなくていい。

あなたは、糸の切れた凧みたいに、そのままどこかに飛んでいってしまったりはしない。溺れてダメになったりもしない。それを糧に大きく成長できる。

さあ、情熱のままに。安心してレールを踏み外してごらん。それが次の新しいあなたのはじまりになる。

STARMAP
VIRGO

30

じっくり、ゆっくり、あたためる

使命感や役割意識が強いあなた。でも、実は「やらなきゃいけない」という受け身の意識だけじゃなくて、心の奥底には「これをやりたい」という情熱が眠っている。
ただ、その情熱は卵のように固い殻におおわれている。ほんとうはやりたいことがあるのに、「私には特別やりたいことはない。与えられた仕事をやっていくだけ」と考えてしまう。
情熱の卵がその殻を破ってかえるためには、どうすればいいのだろう。大切なのは、母鶏のようにじっくりゆっくりあたためることだ。
焦って強い火で一気に熱してしまうと、卵は爆発して粉々に砕け散ってしまう。でも、熱が弱すぎると、変化は止まってしまう。どうせ私なんか、とか、失敗するのはわかっていたという冷たい気分に支配されてしまう。
だから、時間をかけてじっくりあたためてゆこう。必ず、殻は自然にやぶれてゆく。
焦る必要はない。興味のあることや気になることがあれば、たっぷり時間を使って準備し、深いところまで掘り下げればいい。
たとえば、役者には２種類いて、台本をもらってすぐに頭が切り替わって器用に演じられる人と、何ヵ月も前からその役作りをして役と同じような仕事や生活を体験して気持ちからその役になってゆくというタイプがいる。
乙女座は、圧倒的に後者だ。
何かをやろうとするときに、表面的なテクニックじゃなくて、根本にある自分の気持ちを大事にしよう。やるべきことの歴史や考え方、価値をじっくり考えて、少しずつ自分の中の熱量を高めてゆこう。

STARMAP
VIRGO
WORDS

完成できたほうが
いいにはきまっているが、
できない人だってあるんだ。
わたしは失敗に終わってしまった。
しかし、完成を心にえがきながら、
ずっと楽しく生きてきたよ。

星新一　作家
1926/9/6 生まれ

「スター・ワーズ　星新一の名言 160 選」（江坂遊編）より

STARMAP
VIRGO
WORDS

近道を探そうとしないこと。
価値のある良いことはみんな、
時間も手間もかかるものです。

ターシャ・テューダー　絵本作家
1915/8/28 生まれ

「思うとおりに歩めばいいのよ」(食野雅子訳) より

STARMAP
VIRGO

後悔なく
生きるために。

【エピローグ】

乙女座にとって生きるとはどういうことか？
あなたの未来がより輝くために、
あなたの人生がより豊かなものになるために、
乙女座が後悔なく生きてゆくために、大切なこと。

STARMAP
VIRGO

31

あなたはもうすぐ、変わる

あなたの完璧に美しい世界は、凛と佇んでいる。
完結しているようにも見えるけど、
その美しい世界はまだ完成形じゃない。
乙女座はまだ成長の途中の星座だ。

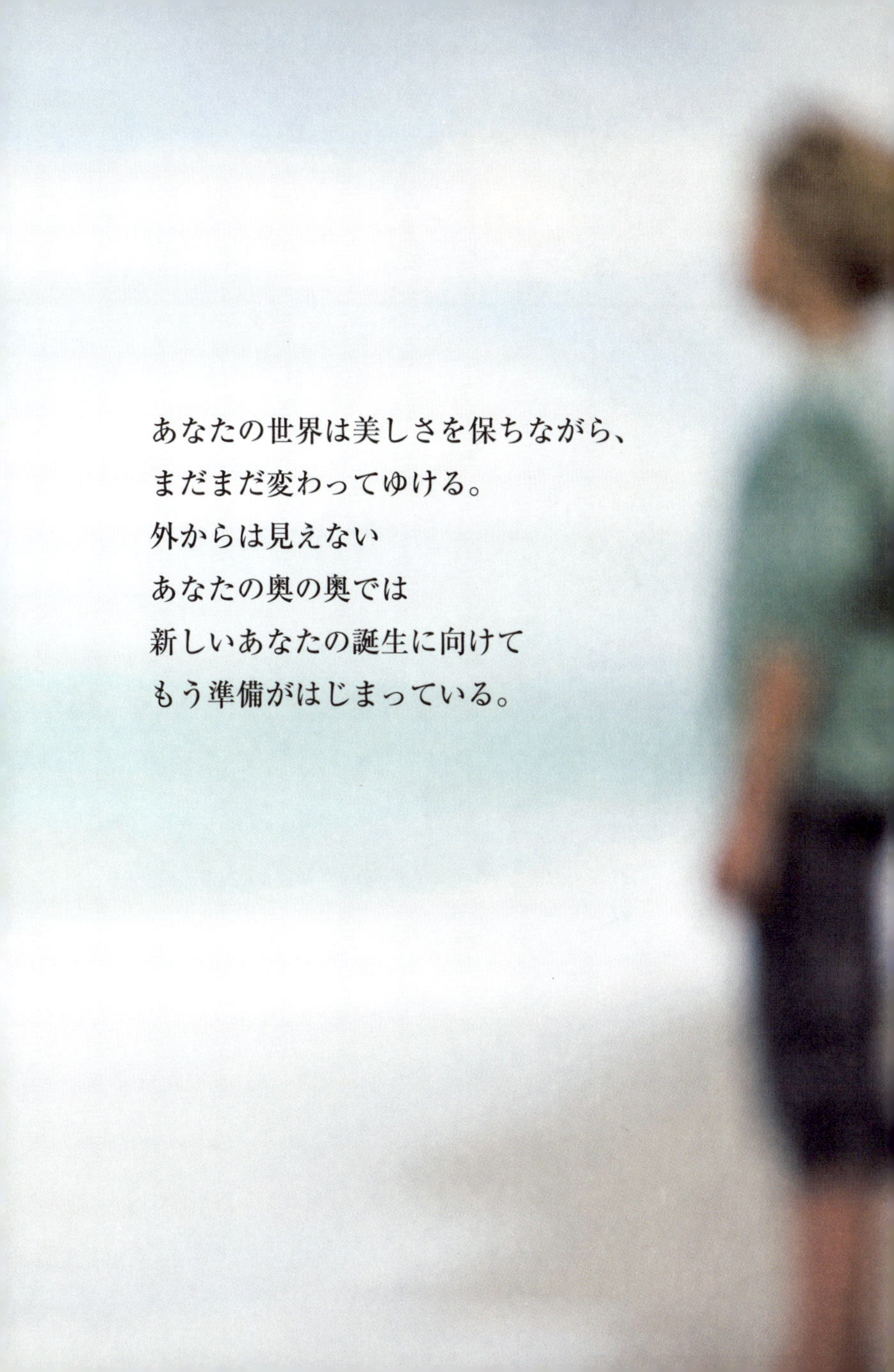

あなたの世界は美しさを保ちながら、
まだまだ変わってゆける。
外からは見えない
あなたの奥の奥では
新しいあなたの誕生に向けて
もう準備がはじまっている。

少年のように、純真。
少女のように、高潔。
誰よりも強く抱く使命感。
純粋で正しく美しいことに
まっすぐ向かっていくひたむきさ。

原石を見つけ出し、
少しの曇りもなく磨き上げる細やかさ。
だからこそ築き上げられた、
あなた独自の美しい世界。
あなたはあなたの世界を
懸命に守り続けてきた。

でも、あなたは、その世界を
もっと大きくすることができる。
あなただけのものだった世界に、
ほかの誰かを導くことだってできる。
新しい自分に変わるときが来る。

もっと美しく、より大きく。
ぐんぐん成長して、
どんどん進化できる。

焦らなくていい。もうすぐだから。
その瞬間は、もうそこまで来ている。

乙女座はこの期間に生まれました。

誕生星座というのは、生まれたときに太陽が入っていた星座のこと。
太陽が乙女座に入っていた以下の期間に生まれた人が乙女座です。
厳密には太陽の動きによって、星座の境界は年によって1～2日変動しますので、
生まれた年の期間を確認してください。（これ以前は獅子座、これ以降は天秤座です）

生まれた年	期間（日本時間）
1936	08/23 17:11～09/23 14:25
1937	08/23 22:58～09/23 20:12
1938	08/24 04:46～09/24 01:59
1939	08/24 10:31～09/24 07:48
1940	08/23 16:29～09/23 13:45
1941	08/23 22:17～09/23 19:32
1942	08/24 03:58～09/24 01:16
1943	08/24 09:55～09/24 07:11
1944	08/23 15:47～09/23 13:01
1945	08/23 21:35～09/23 18:49
1946	08/24 03:26～09/24 00:40
1947	08/24 09:09～09/24 06:28
1948	08/23 15:03～09/23 12:21
1949	08/23 20:48～09/23 18:05
1950	08/24 02:23～09/23 23:43
1951	08/24 08:16～09/24 05:36
1952	08/23 14:03～09/23 11:23
1953	08/23 19:45～09/23 17:05
1954	08/24 01:36～09/23 22:55
1955	08/24 07:19～09/24 04:40
1956	08/23 13:15～09/23 10:34
1957	08/23 19:08～09/23 16:25
1958	08/24 00:46～09/23 22:08
1959	08/24 06:44～09/24 04:08
1960	08/23 12:35～09/23 09:58
1961	08/23 18:19～09/23 15:42
1962	08/24 00:13～09/23 21:35
1963	08/24 05:58～09/24 03:23
1964	08/23 11:51～09/23 09:16
1965	08/23 17:43～09/23 15:05
1966	08/23 23:18～09/23 20:43
1967	08/24 05:13～09/24 02:37
1968	08/23 11:03～09/23 08:26
1969	08/23 16:44～09/23 14:06
1970	08/23 22:34～09/23 19:58
1971	08/24 04:16～09/24 01:44
1972	08/23 10:04～09/23 07:32
1973	08/23 15:54～09/23 13:21
1974	08/23 21:29～09/23 18:58
1975	08/24 03:24～09/24 00:55

生まれた年	期間（日本時間）
1976	08/23 09:19～09/23 06:48
1977	08/23 15:01～09/23 12:29
1978	08/23 20:57～09/23 18:25
1979	08/24 02:47～09/24 00:16
1980	08/23 08:41～09/23 06:08
1981	08/23 14:39～09/23 12:05
1982	08/23 20:16～09/23 17:46
1983	08/24 02:08～09/23 23:41
1984	08/23 08:01～09/23 05:33
1985	08/23 13:36～09/23 11:07
1986	08/23 19:26～09/23 16:59
1987	08/24 01:11～09/23 22:45
1988	08/23 06:55～09/23 04:29
1989	08/23 12:47～09/23 10:19
1990	08/23 18:22～09/23 15:55
1991	08/24 00:14～09/23 21:48
1992	08/23 06:11～09/23 03:42
1993	08/23 11:51～09/23 09:22
1994	08/23 17:44～09/23 15:19
1995	08/23 23:36～09/23 21:13
1996	08/23 05:24～09/23 03:00
1997	08/23 11:20～09/23 08:56
1998	08/23 17:00～09/23 14:37
1999	08/23 22:52～09/23 20:32
2000	08/23 04:49～09/23 02:28
2001	08/23 10:28～09/23 08:04
2002	08/23 16:18～09/23 13:55
2003	08/23 22:09～09/23 19:47
2004	08/23 03:54～09/23 01:30
2005	08/23 09:46～09/23 07:23
2006	08/23 15:23～09/23 13:02
2007	08/23 21:08～09/23 18:50
2008	08/23 03:02～09/23 00:43
2009	08/23 08:38～09/23 06:18
2010	08/23 14:27～09/23 12:08
2011	08/23 20:21～09/23 18:04
2012	08/23 02:07～09/22 23:48
2013	08/23 08:02～09/23 05:43
2014	08/23 13:46～09/23 11:28
2015	08/23 19:37～09/23 17:19

著者プロフィール

鏡リュウジ

Ryuji Kagami

1968年、京都生まれ。
心理占星術研究家・翻訳家。国際基督教大学卒業、同大学院修士課程修了（比較文化）。
高校時代より、星占い記事を執筆するなど活躍。心理学的アプローチをまじえた占星術を日本で紹介することによって、占いマニア以外の人にも幅広くアピールすることに成功。占星術の第一人者としての地位を確たるものとし、一般女性誌の占い特集では欠くことのできない存在となる。また、大学で教鞭をとるなど、アカデミックな世界での占星術の紹介にも積極的。
英国占星術協会会員、英国職業占星術協会会員、日本トランスパーソナル学会理事、平安女学院大学客員教授などを務める。

STARMAP
VIRGO

乙女座の君へ

2013年7月1日　初版第1刷発行
2018年12月12日　　第11刷発行（累計5万7千部）

著者　鏡リュウジ

写真　corbis/amana images
デザイン　井上新八
構成　ホシヨミ文庫

発行者　鶴巻謙介
発行・発売　サンクチュアリ出版
〒113-0023
東京都文京区向丘2-14-9
TEL　03-5834-2507　　FAX　03-5834-2508
URL　http://www.sanctuarybooks.jp/
E-mail　info@sanctuarybooks.jp

印刷・製本　萩原印刷株式会社